ALEXIS DE TOCQUEVILLE
EN TOURAINE

PRÉPARATION DU LIVRE SUR L'ANCIEN RÉGIME

Juin 1853 — Avril 1854

NOTES ET SOUVENIRS INTIMES

PAR

CHARLES DE GRANDMAISON
CORRESPONDANT DE L'INSTITUT
ARCHIVISTE D'INDRE-ET-LOIRE

PARIS
LIBRAIRIE NOUVELLE
15, BOULEVARD DES ITALIENS, 15

1893

ALEXIS DE TOCQUEVILLE
EN TOURAINE

PRÉPARATION DU LIVRE SUR L'ANCIEN RÉGIME

Juin 1853 — Avril 1854

NOTES ET SOUVENIRS INTIMES

PAR

CHARLES DE GRANDMAISON

CORRESPONDANT DE L'INSTITUT
ARCHIVISTE D'INDRE-ET-LOIRE

PARIS
LIBRAIRIE NOUVELLE
15, BOULEVARD DES ITALIENS, 15
—
1893

La récente publication des « *Souvenirs d'Alexis de Tocqueville* », est venue rappeler, à la génération actuelle, un penseur éminent et un écrivain d'une haute distinction qu'elle n'a pas connu. Les esprits éclairés et impartiaux, et, Dieu merci ! il en reste encore dans notre France, ont pu savourer ces pages où éclatent les deux nobles passions qui se partageaient l'âme de Tocqueville : l'amour de l'ordre et de la liberté.

Le livre, qui embrasse la plus grande partie des années 1848 et 1849, n'ajoute, il est vrai, qu'un petit nombre de faits à ce que l'on savait de cette époque troublée ; mais il offre un autre genre d'intérêt, à mon sens, plus précieux et plus élevé. Il montre la physionomie vraie des personnages et des faits, telle qu'elle apparut à un observateur, bien placé pour voir, d'un esprit très curieux et très pénétrant, et doué d'une remarquable impartialité.

Ecrits avec la pensée de ne jamais être publiés, ni même communiqués aux amis les plus intimes, ces souvenirs sont absolument sincères, et, mérite bien rare dans les Mémoires, l'auteur avoue franchement les fautes qu'il a pu commettre Mais cette sincérité et cette franchise qu'il a vis-à-vis de lui-même, il les montre également vis-à-vis de ses amis politiques. Il fait connaître son impression exacte sur le compte de chacun d'eux ; on l'entend penser tout haut. Nous avons là une foule de croquis dans lesquels l'auteur fixe en quelques coup de crayon la physionomie de divers personnages politiques, avec une sûreté de coup d'œil qu'on s'attendait bien à trouver chez Tocqueville, mais aussi avec une verve incisive et malicieuse qu'on ne lui soupçonnait peut-être pas.

Ces appréciations si fines et si piquantes ont pour celui qui écrit ces lignes d'autant plus de saveur et de charme, qu'il les a entendues presque toutes de la bouche même de Tocqueville, peu d'années seulement après qu'elles eurent été confiées au papier. Quelques-unes étaient alors adoucies, il est vrai. Le coup d'État était survenu depuis; les amis politiques de Tocqueville se trouvaient, comme lui, parmi les vaincus; et cette parité d'infortune avait sans doute affaibli dans son esprit la vivacité des traits sous lesquels lui étaient apparus, dans le principe, les travers de ces hommes presque tous d'une valeur morale et intellectuelle incontestable. Mais je retrouve parfaitement dans ma mémoire et dans les notes prises après certaines de nos conversations, le fond et la substance des jugements formulés dans les *Souvenirs*. Il me semble que cette concordance, malgré la différence des temps et des situations, est une preuve décisive, non seulement de la sincérité, mais encore de l'absolue vérité de ces appréciations et de ces portraits.

En les lisant, j'ai pensé qu'il y aurait quelque intérêt à réimprimer un écrit publié en 1879 (1), dans lequel sont résumés les souvenirs laissés par les nombreux entretiens que j'ai eus avec Tocqueville pendant près d'une année. Les personnages mis en scène dans le livre récent, ne figurent que fort peu dans cet écrit; non que Tocqueville ne m'ait pas entretenu d'eux. Voici ce que je dis à ce sujet, dans l'article de 1879. « Beaucoup d'appréciations des hommes et des choses, toujours fines et profondes et souvent très

(1) *Correspondant* du 10 avril 1879. — On s'est borné à quelques suppressions, et à quelques retouches de style.

piquantes échappaient, pour ainsi dire, à l'esprit vif et pénétrant de Tocqueville ; *mais je croirais être indiscret en les reproduisant ici*, et d'ailleurs elles perdraient singulièrement de leur prix en passant par ma plume. » — J'ajoutais : « Il faudrait l'avoir entendu lui-même. »

Qui pourrait rendre, en effet, sa voix sonore et bien timbrée, mais toujours dans le ton juste, sa diction si pure et si élégante, son geste sobre et expressif, la grâce, parfois même la malice de son sourire et l'éclat de son regard ?

Je n'étais sorti de ma réserve que pour l'empereur Napoléon III, et j'avais reproduit les prévisions émises par Tocqueville sur la chute de l'Empire ; or, il arrive justement qu'elles ne se retrouvent pas dans le portrait si vivant et si bien étudié qu'il a tracé de ce prince. Elles lui furent probablement suggérées par les événements postérieurs. En tout cas, je puis en garantir l'exactitude, au moins quant au fond, car la partie qui a rapport à la chute de l'Empire m'avait beaucoup frappé et je l'avais notée le soir même de notre conversation. On ne sait que trop comment les prévisions de Tocqueville ont été réalisées seize ans plus tard. Jamais, peut-être, il ne donna une preuve plus éclatante de la pénétration de son esprit et de la sûreté de son jugement.

Les personnes qui ont connu et pratiqué Tocqueville, mort depuis près de quarante ans, sont aujourd'hui fort rares. Ses contemporains du parlement, presque tous plus âgés que lui, ont disparu. Quoique très bienveillant pour la jeunesse, la nature de son esprit ne le portait guère de ce côté, et si, quoique jeune alors, j'ai pu l'approcher de près et lui inspirer quelque confiance, je l'ai dû à des circonstances particulières, comme on le verra dans les pages suivantes.

Ch. de G.

ALEXIS DE TOCQUEVILLE
EN TOURAINE
JUIN 1853 — AVRIL 1854

Parmi les hommes éminents que la France a vu disparaître depuis un quart de siècle, il n'en est pas dont la perte doive exciter plus de regrets que celle d'Alexis de Tocqueville, mort en 1859, à 54 ans, à un âge où ses merveilleuses facultés, mûries par l'étude et l'expérience, avaient atteint leur apogée. Et cette perte est venue nous frapper à la veille d'une période où la France, objet de ses sollicitudes et de son amour, devait être ébranlée par une terrible catastrophe, et forcée de travailler à l'œuvre de sa régénération dans une voie nouvelle, que Tocqueville avait entrevue et signalée depuis longtemps. Il avait employé toutes les forces de sa pénétrante intelligence à la reconnaître et à l'étudier, et nul assurément n'était mieux préparé pour y guider les jeunes générations. Si, de bonne heure, et des premiers, il a prévu l'avènement de la démocratie, plus que personne, peut-être, il en a connu les dangers, et indiqué les moyens, sinon de les supprimer, du moins de les amoindrir et de les rendre compatibles avec la marche d'une société régulière.

Il n'a été donné à aucun homme de notre temps d'unir plus de chaleur de cœur à plus de sagesse d'esprit, ni des sentiments plus généreux à plus de sagacité. Trop clairvoyant et trop sincère pour se faire, ou pour entretenir chez les autres de dangereuses illusions, il pensait qu'il fallait envisager le danger en face, soit pour l'éviter, soit pour le combattre, et, dès 1840, il écrivait : « Ayons de l'avenir cette crainte salutaire qui fait veiller et combattre et non cette sorte de terreur molle et oisive qui abat les cœurs et les énerve. »

Le moment semble donc opportun pour montrer aux jeunes générations qui ne l'ont pas connu, et pour rappeler à ceux qui l'auraient oublié, dans ce pays où l'on oublie si vite, ce vaillant champion de deux grandes causes, regardées trop souvent comme inconciliables, l'ordre et la liberté. Tocqueville ne les sépara jamais. « Ce sont, dit-il, deux choses également nécessaires, également voulues de Dieu, également saintes. »

On n'a point la prétention de retracer et d'apprécier ici l'ensemble de cette noble vie. L'année même qui a suivi la mort de Tocqueville, des voix éloquentes, éteintes aujourd'hui pour la plupart, ont rempli cette tâche d'une façon faite pour décourager quiconque serait tenté d'y revenir. Mais dans cette existence si courte et si remplie, il est une période restée dans l'ombre, et durant laquelle, cependant, a été préparé et en grande partie écrit l'admirable livre sur *l'Ancien Régime et la Révolution*. Je veux parler des dix mois passés par Tocqueville en Touraine, et auxquels son ami, M. Gustave de Beaumont, le mieux informé de ses biographes, n'a consacré que quelques lignes; le plan adopté par l'écrivain n'en comportait guère plus, il est vrai. Peut-être sera-t-il permis au modeste archiviste d'Indre-et-Loire, qui, grâce à ses fonctions, a eu le bonheur de jouir du contact doux et fortifiant de ce grand esprit et de ce noble cœur, de développer la brève indication laissée par M. de Beaumont. J'espère que les amis et les admirateurs de Tocqueville me sauront gré de cette tentative; leur nombre va chaque jour croissant, et une gloire incontestée entoure son nom.

Tocqueville arriva en Touraine à la fin de mai, ou dans les premiers jours de juin 1853. Diverses raisons l'avaient déterminé à choisir cette contrée. D'abord, la circonstance que n'y connaissant à peu près personne, il se trouverait plus libre dans ses idées de travail solitaire et de retraite absolue; puis la douceur et l'égalité du climat, dont sa santé, déjà fort éprouvée, avait un si grand besoin; enfin, l'espoir de trouver à Tours, autrefois chef-lieu d'une généralité, des documents pour son livre de *l'Ancien Régime et de la Révolution*, qu'il préparait dès lors. Il s'établit dans la commune de Saint-Cyr, à deux pas de la Loire, dans une agréable résidence, appelée les Trésorières, ouverte au soleil et abritée des vents du nord-est. Tout près de là se trouvait Palluau, séjour habituel du célèbre et excellent docteur Bretonneau. Ce voisinage ne fut, sans doute, pas étranger au choix que fit Tocqueville des Trésorières, car il avait la plus grande confiance dans les lumières du docteur et une véritable affection pour sa personne. Il se mit entièrement entre ses mains, et régla sur ses prescriptions tout son régime de vie.

A peine installé, Tocqueville se rendit aux archives. Je n'avais pas l'honneur d'être connu de lui; mais je l'avais entrevu à Paris, soit aux séances de l'Institut, soit au département des manuscrits de la Bibliothèque nationale, auquel je fus attaché à ma sortie de l'Ecole des Chartes, de 1850 à 1852. Tocqueville venait parfois y travailler et causer de son futur livre avec M. Tauréau, conservateur des manuscrits français. Je n'ai point oublié, après plus de vingt ans, ce jour un peu brumeux, comme il s'en rencontre souvent au printemps sur les rives de la Loire, où je vis entrer dans mes archives un homme d'assez grêle stature, aux traits un peu fatigués, mais pleins de distinction : c'était M. de Tocqueville. Il se nomma et me mit en deux mots au courant de ce qu'il désirait. A cette époque, encore voisine de mon installation, j'essayais de mettre un peu d'ordre dans les papiers de l'ancienne intendance de Tours, que j'avais trouvés à l'état de chaos. J'étais donc à peu près en mesure de le satisfaire, et je lui donnai sur-le-champ plusieurs indications, dont il me remercia avec cette affabilité qui lui était propre. Il feuilleta ou plutôt toucha une ou deux liasses et, après quelques paroles échangées, il me dit qu'il viendrait très prochainement travailler pour tout de bon.

Le lendemain, Tocqueville arriva vers midi, ayant sous le bras un portefeuille de maroquin noir, fermant à clef, de dimension moyenne, mais suffisante pour rappeler le souvenir des anciennes fonctions ministérielles de son propriétaire. Il se mit à l'œuvre et entama le dépouillement de la correspondance des intendants de Tours avec les différents ministres, qui, chez nous, est assez considérable. Il revint les jours suivants ; bien qu'alors les visiteurs des archives fussent rares, la présence de l'hôte illustre qu'elles possédaient ne demeura pas longtemps ignorée, et je ne tardai pas à remarquer certaines visites qui me parurent avoir la curiosité pour mobile principal. Désireux d'éviter à Tocqueville les désagréments d'une sorte d'exhibition, je lui offris mon propre cabinet, sous prétexte de le soustraire au trouble et au dérangement inévitables dans une salle ouverte au public. Il accepta mon offre avec empressement, bien que ce cabinet ne fût qu'un étroit boyau dont la fenêtre donne sur le jardin potager de la préfecture ; c'est là qu'il a travaillé sur un modeste et vieux bureau, demeuré pour moi la pièce la plus précieuse de notre mobilier.

J'avais remarqué jusque-là chez M. de Tocqueville, sous les formes de la plus parfaite politesse, une certaine réserve que je respectais, me bornant à répondre de mon mieux à ses demandes de renseignements. Désormais la glace fut rompue ; quelques réflexions échangées à propos des documents mis en ses mains, lui apprirent que j'avais lu ses livres et que je n'étais pas ennemi de la liberté telle qu'il la comprenait et l'aimait. Peu à peu, le premier pas fait, les simples réflexions devinrent des conversations, et il s'établit entre nous la sorte d'intimité qui peut exister entre personnes d'âge différent et de valeur aussi inégale.

Ces rapports presque quotidiens avec un homme si supérieur, ont fait le principal charme de mon existence pendant les dix mois qu'ils ont duré. J'éprouve un plaisir extrême à me les rappeler ; ils ont été, dans ma vie de province, toujours un peu terne, une éclaircie charmante dont le souvenir reste à jamais devant les yeux. Je les dus sans doute à la position particulière où se trouvait Tocqueville, qui ne voyait personne à Tours, où il n'avait fait, je crois, de visite qu'au seul archevêque, Mgr le cardinal Morlot, mort depuis sur le siège de

Paris. Cet isolement était volontaire ; tous les salons de Tours se seraient ouverts avec empressement devant lui, mais il redoutait un peu trop de troquer la solitude contre l'ennui, ainsi qu'il l'écrivait à M⁰ᵉ Grote le 22 novembre 1853. Il ajoute d'ailleurs dans cette même lettre : « Plusieurs de nos amis se sont donné la peine de venir nous voir, et cela nous a suffi pour conserver le goût des humains. » Ces amis étaient MM. Gustave de Beaumont, Ampère, de Corcelles, Rivet, Freslon, Lanjuinais, Dufaure, esprits et cœurs d'élite qui, séduits par le charme et l'élévation de la nature de Tocqueville, lui sont demeurés jusqu'à la fin profondément attachés.

Son esprit actif, son âme ardente ne se pliaient qu'en frémissant, pour ainsi dire, au régime que sa volonté leur imposait. J'avais l'heureuse fortune de représenter pour lui le monde extérieur, quand, pour se délasser, il voulait bien causer quelques instants avec moi. J'ai pu ainsi en jouir et le goûter presque sans partage, faveur qui, je pense, a été donnée à bien peu de gens. A la fin de la jeunesse, à l'époque où l'homme se forme définitivement, le contact presque quotidien avec une si belle et si haute nature, ne saurait rester sans profit ; aussi je remercie le ciel de m'avoir amené sur son chemin, dans cette période de mon existence.

Naturellement, le sujet le plus habituel de nos conversations était le livre qui remplissait alors son esprit, et dont il avait fait, comme le prouve sa correspondance, l'objet principal de sa vie. La première idée de cette œuvre, qui devait couronner sa glorieuse carrière d'écrivain et de penseur, remontait à quelques années auparavant. Dans une lettre à M. de Beaumont, du 10 janvier 1851, le sujet est indiqué ; Tocqueville dit l'avoir trouvé en parcourant les montagnes de Sorrente : « Ce sera non pas précisément l'histoire de l'Empire, mais la recherche et l'exposition des causes, du caractère et de la portée des grands événements de ce temps. Les faits, ajoute-t-il, ne seraient qu'une base solide et continue, sur laquelle s'appuyeraient toutes les idées que j'ai dans la tête, non seulement sur cette époque, mais sur celle qui l'a précédée et suivie. » Et il termine en disant : « Tout n'est encore qu'un nuage qui flotte dans mon imagination. »

Le nuage devait prendre un corps, et devenir un des plus beaux livres de notre époque ; la transformation, lente à s'opérer, commença à devenir sensible, après que le coup d'État du 2 décembre 1851 eut éloigné Tocqueville de la scène politique. Cependant, le 16 juillet 1852, il écrivait encore à M. de Beaumont, en lui annonçant qu'il avait ébauché un chapitre. « Au fond, je ne sais pas bien si j'ai un sujet, mais je le cherche avec une énergie désespérée, car, sans la ressource d'un grand livre à faire, je ne saurais en vérité que devenir. » Peu à peu ses idées se fixèrent et sa pensée, que jusque-là il avait laissé courir sur les sommets de son sujet, s'appliqua particulièrement à en creuser les origines, c'est-à-dire la partie antérieure à la Révolution. Il était difficile de marquer le point précis où il conviendrait de remonter, car les origines de la Révolution touchent aux confins du moyen âge. Tocqueville l'avait compris, et il avait poussé ses premières recherches jusqu'à l'époque de Louis XI. Mais ses connaissances sur cette ancienne période étaient encore bien vagues, et sa méthode de ne travailler que sur les documents originaux lui aurait imposé un labeur au-dessus de ses forces. Nos premiers entretiens approfondis sur la question mirent ce point hors de doute ; il résolut donc de se borner à la peinture de l'époque qui a immédiatement précédé la Révolution, et à laquelle on a donné plus spécialement le nom d'ancien régime. Il se plongea avec ardeur dans la lecture et l'étude des documents que je ne m'épargnais point à tirer du chaos encore mal débrouillé du fonds de notre intendance. Il dévorait tout, annotait tout avec la patience et le scrupule d'un bénédictin ; les notes et les extraits allaient s'accumulant dans son portefeuille. Jamais il ne se fit aider directement dans ce travail minutieux et ingrat, dont on eût douté qu'un esprit aussi élevé et aussi philosophique fût capable. Mon rôle se bornait à la recherche et à la communication des pièces que je pensais susceptibles de l'intéresser et de lui être utiles.

Le but que poursuivait Tocqueville n'était point, dans

l'origine, un livre à part sur l'ancien régime. Toutes ces lectures et toutes ces notes, si laborieusement recueillies, ne devaient aboutir qu'à un chapitre ou deux sur l'état de la société et des esprits avant 1789.

Dans une lettre écrite le 9 juin 1853, au début de son séjour en Touraine, à M. Freslon, ancien ministre de l'instruction publique, Tocqueville, après avoir dit qu'il a trouvé à Tours un dépôt précieux pour son dessein, ajoute :

Il y a énormément de poussière à avaler. Ce qui se peut digérer n'est pas même de nature à paraître avec quelque étendue dans l'ouvrage que je médite, car la composition d'un livre est comme celle d'un tableau. L'important n'est pas la perfection qu'on pourrait donner à une partie, mais le rapport exact de toutes les parties d'où naît l'effet général. Ce serait une grande faute que de m'attacher à peindre l'ancien régime, mais je suis obligé de le connaître à fond, sans produire autre chose qu'une montagne de notes d'où il ne sortira finalement qu'un petit chapitre de trente pages.

Heureusement, « cette grande faute », de peindre l'ancien régime, il l'a commise tout entière, et le petit chapitre de trente pages est devenu le beau livre que tout le monde connaît.

Mais cette pensée n'entra dans son esprit que peu à peu, à mesure que les pièces et les documents passaient sous ses yeux, et que l'intérêt et surtout la nouveauté du sujet se déroulaient devant lui. De temps à autre, lorsqu'il avait épuisé une liasse ou un dossier, il résumait, dans une courte conversation, le résultat de ses investigations, et me faisait l'honneur de me consulter sur quelques détails techniques que mon métier d'archiviste et d'élève de l'École des Chartes m'avaient rendus familiers. Dans ces entretiens, je jouissais avec délices de l'occasion qui m'était donnée de voir fonctionner à nu, pour ainsi dire, ce rare et merveilleux esprit, et je me sentais pénétré d'un sentiment voisin de l'admiration pour cette grande et belle nature, dont M. G. de Beaumont a pu dire, avec autant de justice que de vérité : « Qui peindra l'homme même, son cœur, sa grâce, la poésie de son âme et en même temps sa raison, cette âme si tendre, cette raison si ferme, ce jugement si fin et si sûr, cet esprit si profond et si lucide, jamais commun, jamais excentrique, toujours original, toujours sensé, en un mot tout ce qui faisait de lui une nature d'élite et un homme à part? »

Ces qualités exquises et variées, il m'a été donné de les apprécier, et je puis affirmer la parfaite exactitude de cette peinture qu'on pourrait croire embellie par l'amitié. Pour donner une idée complète de Tocqueville, il faudrait insister sur la bonté de son cœur, portée chez lui à un point bien rare et se trahissant parfois de la façon la plus naïve et la plus touchante. Cette qualité, toute morale, a eu, je crois, sur son talent, la plus heureuse influence. Assurément, si ce cœur avait été moins élevé et moins tendre, l'écrivain philosophique n'eût point rencontré ces accents qui touchent et remuent le lecteur, en même temps que sa haute raison l'éclaire et le guide. Cette bonté était exempte de toute mollesse; elle s'alliait, au contraire, à une remarquable énergie qu'on était surpris de rencontrer chez un homme de mœurs si douces et d'apparence si délicate. Le monde appartient à l'énergie, dit-il quelque part, et il n'estimait rien autant que la force de volonté.

Nos conversations étaient presque quotidiennes; elles avaient surtout lieu au moment de son arrivée aux archives, pendant environ une demi-heure, qui était, je crois, la durée qu'il leur avait assignée dans la distribution de son temps, à laquelle il se conformait scrupuleusement, avec une ponctualité qui me faisait parfois intérieurement sourire. Bien des sujets étaient effleurés par lui dans ces précieux entretiens, que je trouvais toujours trop courts, et dont l'intérêt et le charme allaient croissant, à mesure que je parvenais à gagner sa confiance, ce qui n'avait pu se faire que lentement, et avec une grande discrétion de ma part. Très fin et très pénétrant, sa connaissance des hommes l'avait laissé un peu défiant; il ne livrait pas facilement le fond de sa pensée, et j'eus plus d'une fois l'occasion de vérifier l'exactitude de cette phrase de M. de Beaumont : « Très ouvert et très discret, jamais caché, ne disant que ce qu'il voulait dire, et le disant avec une grâce infinie, qui donnait un prix extrême à toutes ses paroles (1). »

Cette grâce naturelle, unie à une si haute intelligence, était ce qui frappait le plus ceux qui avaient le bonheur d'approcher familièrement Tocqueville, et l'on aurait pu lui appliquer l'éloge qu'il faisait de son oncle, M. de Rosambo : « C'était une grande âme ornée de toutes sortes de qualités aimables (2). » Ni les profondes méditations auxquelles il se livrait, ni les grandes affaires qu'il avait pratiquées, ni les misères corporelles qui ne cessaient de l'incommoder, n'avaient pu ternir les grâces de son naturel. Je n'ai rencontré personne qui réalisât comme lui le type de ce qu'on appelait, au dix-septième siècle, un *honnête homme*. Sous certains rapports, en effet, il appartenait au temps passé ; il en avait conservé la politesse exquise et les façons dignes et charmantes. Comme chez lui, l'habileté la plus fine et la clairvoyance la plus pénétrante s'alliaient à un sens très positif et très pratique ; il eût fait assurément un diplomate de premier ordre.

Son érudition littéraire n'était ni bien étendue, ni bien profonde, mais il avait à un haut degré ce goût des plaisirs de l'esprit qui distinguait nos pères, le goût des beaux ouvrages et des conversations ingénieuses. Comme il l'écrit lui-même de M. le comte Molé, il était l'un des derniers exemples que cette noble passion des jouissances intellectuelles peut se concilier avec toutes choses, même avec la préoccupation et la pratique des plus grandes affaires.

Il connaissait, d'ailleurs, et appréciait à leur juste valeur les chefs-d'œuvre de l'esprit humain ; il possédait surtout les maîtres de notre langue, et avait en très haute estime quelques écrivains, auxquels d'habitude on ne donne pas la première place. De ce nombre, il m'en souvient, était Bourdaloue, sur lequel il a écrit une page si curieuse. Il le regardait comme un véritable maître dans l'art de choisir le mot nécessaire, toujours unique, et de vider, pour ainsi dire, la

---

(1) P. 65 de la *notice* placée en tête de la correspondance.
(2) Lettre de M. de Corcelles du 31 décembre 1859.

pensée de toutes les choses qu'elle contient. Dans cette même lettre, il nous apprend que, ne pouvant apporter en Touraine sa bibliothèque, il avait fait du moins venir un volume des œuvres de tous les grands écrivains de notre langue. Je les ai tous vus chez lui, rangés sur un étroit rayon, comme autant d'armes choisies, qu'il prenait, laissait et reprenait tour à tour, pour s'entretenir la main.

Mais c'est en vain que j'essayerais de donner une idée de la nature de Tocqueville; je ne saurais atteindre un semblable modèle; ceux qui sont dignes de le connaître et de l'apprécier pourront le voir revivre dans cette admirable correspondance qui, bien qu'incomplète encore, jette un jour si vif et si nouveau sur cette attrayante figure (1). La lecture des lettres datées de Saint-Cyr, près Tours, a pour moi un attrait infini; j'y retrouve souvent les idées et les appréciations des hommes et des choses qui, à cette époque, traversaient sa pensée. Il me semble entendre comme un écho de ces charmantes causeries qui transformaient, pour moi, en une succursale de l'Académie des sciences morales et politiques, mon cabinet d'archives; humble réduit, où la haute intelligence et la grande âme de Tocqueville s'épanchaient avec une chaleur, une abondance et une liberté qui donnaient une idée de ce qu'il eût été à la tribune, si la faiblesse de sa constitution lui avait permis de l'aborder plus souvent.

Son inépuisable esprit passait sans effort d'un sujet à un autre, depuis les plus élevés jusqu'aux plus simples, qu'il savait animer par des remarques fines et ingénieuses, et parfois égayer de traits d'une douce malice. Son langage était toujours élégant et choisi, sans recherche ni affectation, et l'on peut dire qu'il causait aussi bien qu'il écrivait (2. Ce qui dominait chez lui, ce qui donnait à ses éminentes qualités

---

(1) Il en a été publié deux recueils différents chez Calmann-Lévy. Maintenant que les contemporains de Tocqueville sont morts, on devrait bien continuer et compléter cette intéressante publication.

(2) Voici ce qu'en 1857 pensait de la conversation de Tocqueville un bon juge en cette matière, l'Américain Georges Ticknor, qui, à trois reprises différentes, avait, en ce siècle, vu et fréquenté les salons les plus distingués de Paris et de l'Europe : « Personne ne parle aussi bien

un attrait incomparable, c'était le parfait naturel dont jamais il ne se départait, et qui imprimait à ses moindres actes et à toutes ses paroles un cachet de simplicité et de vérité qui doublait le charme de sa personne.

Vers la fin de l'été, Tocqueville me fit l'honneur de m'inviter à dîner dans son *ermitage*, comme il disait lui-même. Je me rendis donc aux Trésorières, commode, mais modeste habitation, que son propriétaire avait eu l'idée singulière de décorer des bustes de plusieurs sages et grands hommes, placés entre les fenêtres. Devant la façade exposée au midi, une pelouse, entourée de beaux arbres, forme un petit parc, au-delà duquel s'étend un vaste jardin potager et fruitier, aux larges allées se coupant à angles droits. Au fond, règne une triple rangée de tilleuls, dont l'ombre a dû souvent abriter les promenades et les méditations de Tocqueville. Du reste, point d'horizons étendus, point de vue, même de la Loire qui est toute proche; mais de l'air, du soleil, l'absence des vents du nord-est, parfois assez violents en Touraine, en font un vrai séjour de malade, auquel les jolis coteaux de la Choisille offrent des promenades agréables et salutaires.

Je fus présenté en quelques paroles bienveillantes à Mme de Tocqueville, cette noble et tendre compagne de l'illustre écrivain, et à leur ami, M. Ampère, qui était venu passer quelques semaines auprès d'eux. Le dîner était simple, sans luxe ni raffinements; mais je ne portais guère d'attention à ces détails matériels, j'étais tout yeux et tout oreilles et entièrement sous le charme de ces deux hommes supérieurs et de cette femme distinguée. Je voyais Mme de Tocqueville pour la première fois dans ce rôle, qu'elle savait si bien remplir, et dans lequel il me parut entrer quelque chose de la femme et de la sœur aînée. Elle veillait avec le plus tendre soin sur le cher malade, encore soumis à un régime assez sévère. Tous ceux qui ont fréquenté Ampère savent

que lui, pas même Villemain et Mignet ; la conversation de ceux-ci est remplie, il est vrai, de ces brillantes épigrammes qui sont fort à la mode ; mais Tocqueville s'exprime avec la grâce et la perfection de l'ancien régime. »

quel charmant causeur il était ; quant à Tocqueville, il avait, comme le dit M. de Beaumont, toutes les sortes d'esprit, qu'il relevait par une grâce que je n'ai connue qu'à lui seul. La conversation roula d'abord sur l'excursion récente d'Ampère en Amérique, où il avait rencontré des villes pourvues d'universités dans des lieux qui étaient de pauvres villages, une vingtaine d'années auparavant, lors du grand voyage de Tocqueville. Durant cette période, bien d'autres changements s'étaient opérés dans le fond même de la société anglo-américaine ; sans avoir les proportions atteintes depuis, ils étaient déjà assez marqués et assez fâcheux pour affliger Tocqueville et lui faire concevoir de graves inquiétudes sur l'avenir de cette démocratie, si bien comprise et si bien écrite par lui, quoique sa naissance et son éducation ne l'eussent guère préparé à cette tâche. La question de l'esclavage ne fut point oubliée ; les deux interlocuteurs y voyaient la cause d'un redoutable conflit entre le Nord et le Sud, sans prévoir cependant qu'il dût éclater si prochainement. Nombre d'autres sujets furent effleurés ; on parla notamment du travail auquel se livrait Tocqueville, et il voulut bien dire à Ampère que c'était, non seulement en fouillant les archives, mais encore en causant avec l'archiviste, qu'il avait arrêté ses idées, jusque-là un peu flottantes, et disposé le plan du livre qu'il était décidé à détacher de son grand ouvrage et à publier séparément.

Après le dîner, on se promena au jardin. Le soleil couchant empourprait les coteaux de la Choisille ; on parla de Sorrente, de la baie de Naples, et je connus que dans l'âme de Tocqueville, l'étude constante du monde moral n'avait point étouffé le sentiment des beautés de la nature.

Je revins à dix heures du soir, par la levée de la Loire, repassant tout ce que j'avais vu et entendu. Je fis le chemin lentement, à petits pas, et je rentrai chez moi l'esprit satisfait et le cœur content. Quelques fois encore, avant l'hiver, j'eus l'honneur de m'asseoir à la table de Tocqueville ; je m'y trouvai seul, mais cette complète intimité était un charme de plus.

Avec l'automne arrivèrent les mauvais temps; et comme les Trésorières sont à près de quatre kilomètres des archives, que Tocqueville n'avait point de voiture et venait toujours à pied, ses visites devinrent moins fréquentes; aussi bien, ses recherches préparatoires étaient à peu près achevées, et le moment lui parut venu de se mettre tout entier à la composition. Dans une lettre à M. Duvergier de Hauranne, du 1ᵉʳ septembre 1856, il décrit ses procédés habituels de travail; nous ne saurions mieux faire que de transcrire ces lignes curieuses :.

> Cette récolte faite ainsi laborieusement (celle des faits), je me renferme en moi-même, comme dans un lieu bien clos; j'examine avec une extrême attention, dans une revue générale, toutes ces notions que j'ai acquises par moi-même, je les compare, je les enchaine et je me fais ensuite la loi d'exposer les idées qui me sont spontanément venues dans ce long travail, sans aucune considération quelconque pour les conséquences que les uns ou les autres peuvent en tirer.

Un pareil procédé par lequel l'écrivain s'oblige à tirer de son propre fonds la plupart de ses idées, n'est pas à la portée de tout le monde, et bien des gros livres vantés seraient réduits à un petit nombre de pages médiocres, si leurs auteurs avaient été astreints à cette méthode. Mais un esprit vigoureux, pénétrant et fécond, comme celui de Tocqueville, arrive ainsi aux résultats que le monde lettré admire dans ses écrits. Les idées déjà mises en circulation, par cela même qu'elles étaient ignorées de l'auteur et qu'il les a trouvées, revêtent une couleur originale qu'elles n'auraient point eue s'il les avait simplement empruntées.

Tocqueville s'était décidé à écrire un volume et non un chapitre sur l'ancien régime; il était même résolu à donner ce volume séparément au public, comme pour le sonder et éprouver jusqu'à quel point il pouvait encore goûter des idées élevées et vraiment libérales. Il en doutait trop, comme l'a montré le succès, et comme je me permettais de le lui répéter souvent, plus, il est vrai, dans l'intention de relever son courage que par suite d'une conviction bien réelle. Car, on peut le dire ici, puisque sa correspondance en offre des traces nombreuses, ce grand et ferme esprit avait des accès de défaillance étranges. Parfois il se prenait à douter de tout : de son temps et de son pays, qui lui paraissaient dégoûtés ou oublieux de la liberté, et entièrement attachés à la satisfaction des appétits matériels ; du sujet choisi par lui et de l'intérêt qu'il pouvait offrir ; il doutait enfin de lui-même, de la puissance et de l'originalité de son esprit. Il se demandait, avec une sorte d'anxiété si, près de quinze ans passés dans la politique lui avaient laissé l'entière jouissance de ses aptitudes littéraires. Il convenait bien que le maniement des grandes affaires avait pu lui apprendre à mieux apprécier les hommes et les choses ; mais cela ne suffisait point pour le rassurer, et, plus d'une fois, il mit fin à nos entretiens sur ce sujet en se frappant le front et en me disant : « Je ne saurai qu'après avoir écrit deux ou trois chapitres si j'ai encore quelque chose là ! » Ce manque de confiance en lui-même, chez cet homme deux fois membre de l'Institut de France et qui, par ses travaux antérieurs, avait conquis une place si élevée dans l'opinion des meilleurs juges, non seulement de la France, mais des deux mondes, m'étonnait et me touchait profondément.

Sa correspondance nous montre ses hésitations et ses retardements, on peut dire, avec lui, ses anxiétés, au moment d'aborder cette épreuve décisive. A la fin de septembre il écrit à M. Freslon :

> Vers le 15 octobre je compte prendre mes quartiers d'hiver. Je mettrai de côté les livres et je cesserai de fouiller dans les vieux papiers ; j'entreprendrai enfin d'écrire et de commencer véritablement mon œuvre. Je jetterai sur le papier, tant bien que mal, le premier chapitre de l'ouvrage ; et, suivant le résultat de ce travail, je verrai si j'ai dans la tête un grand livre ou seulement son image fugitive. J'ai besoin de réussir dans ce premier effort pour avoir le courage de continuer à marcher.

Le 15 octobre passe et Tocqueville ne s'est point mis à l'œuvre, car, le 3 novembre, s'adressant au même ami :

C'est enfin la semaine prochaine, dit-il, que j'abandonnerai la lecture des livres et la recherche des vieux papiers pour commencer à écrire moi-même. Je vous assure que je vois arriver ce moment avec une grande anxiété et une sorte de terreur. Trouverai-je ce que je vais chercher? Y a-t-il, en effet, dans le sujet que j'ai choisi, de quoi faire le livre que j'ai rêvé et suis-je l'homme qu'il faut pour réaliser ce rêve? Que ferais-je si j'apercevais que j'ai pris des inspirations vagues pour des idées précises, des notions vraies, mais communes, pour des pensées originales? J'ai tellement arrangé ma vie, que si j'échouais dans cette tentative, je ne saurais que faire, car vivre pour vivre ne m'a jamais été possible.

Le 22 novembre, il écrit à Mme Grote, Anglaise très distinguée, femme du profond historien de l'ancienne Grèce :

J'éprouve déjà de certaines démangeaisons d'écrire qui sont de bon augure. J'espère ne sortir d'ici qu'après avoir mis mon œuvre bien en train ; mais que ce commencement est pénible !

Évidemment il ne fait que se mettre à l'œuvre. Mais le 29 janvier 1854, il dira à G. de Beaumont :

Je suis véritablement en train, quoique j'aie bien des hauts et des bas. J'espère avoir quelques chapitres à vous lire au printemps ; de plus, l'ensemble du livre me paraît se dessiner assez clairement à mon esprit.

Enfin, le 7 mars, dans une autre lettre à son frère, le baron de Tocqueville, nous lisons :

Le travail dont tu t'informes avec bonne amitié avance, mais lentement et sans me laisser apercevoir, même dans l'éloignement, son terme ; seulement sa forme et ses limites deviennent de plus en plus précises, et toute la première partie, c'est-à-dire environ un volume, sera, j'espère, achevée lorsque je quitterai au mois de mai cette retraite.

Pendant cette période consacrée à la composition de son livre, ses visites aux archives furent plus rares ; l'hiver fut assez rude, et sa santé, quoique fort améliorée, exigeait encore de grands ménagements. Cependant, lorsque le temps le permettait, il ne manquait guère de venir une ou deux fois par semaine, soit pour compléter ses recherches, soit simplement pour causer avec l'archiviste. Un jour, après le premier quart d'heure de conversation, qui précédait toujours son travail, je lui demandai quels documents il voulait consulter : « Mais aucun, me répondit-il, avec une bonne grâce charmante ; en Amérique on fait souvent cent lieues pour aller causer avec un ami, je puis bien en faire à peu près une pour venir m'entretenir avec vous. » Je fus, je l'avoue, très touché de cette parole et de cette façon d'agir. Malgré son exquise politesse, il n'était pas prodigue de démonstrations de ce genre, comme le savent tous ceux qui l'ont connu. Venant d'un tel homme, celle-ci avait à mes yeux un prix infini ; c'était même, je crois, le premier témoignage marqué des sentiments qu'il voulait bien avoir pour moi. A partir de cette époque, il fut plus ouvert, plus confiant, j'oserai dire plus affectueux. Il m'entretint plus librement et plus abondamment de son livre, du plan qu'il avait adopté, des détails même de l'exécution ; j'eus la joie d'assister à l'enfantement de son œuvre, enfantement singulièrement pénible et laborieux, car cet homme si heureusement doué, et que sa correspondance nous montre écrivant si facilement sur toutes sortes de sujets, n'était jamais satisfait de sa première rédaction qui cependant eût été de nature à contenter tout autre. Mais il avait dans l'esprit un idéal difficile à atteindre, même pour un talent de sa trempe : Il ne pouvait laisser une pensée sans l'avoir mise dans tout son lustre, sans lui avoir donné la concision, la pureté et la plénitude d'expression dont elle était susceptible. Aussi, comme il l'avoue quelque part, n'écrivait-il point de verve. Il choisissait, enchaînait et disposait ses idées avec beaucoup de soin et d'art, et ce n'était qu'après avoir construit cette charpente savante et solide, qu'il s'occupait de l'expression et des agréments du style. « Mon travail est à peu près achevé, me disait-il un jour à propos de je ne sais plus quel chapitre, car toutes les pierres de ma façade sont en place, et il ne me reste plus à songer qu'à la partie décorative et ornementale. »

Mais l'objet principal de ses préoccupations, celui qui mettait en jeu toutes les ressources de son esprit, c'était de saisir l'attention de son pays, et d'arriver à faire partager et goûter par ses contemporains des idées et des opinions si éloignées de celles qui étaient alors en faveur.

Tocqueville était effrayé, plus que de raison, peut-être, de cet antagonisme entre sa pensée et celle de ses contemporains, et il en souffrait profondément. Ses lettres témoignent fréquemment de cette souffrance ; nulle part il ne l'a exprimée avec plus d'éloquence que dans celle qu'il écrivait à Mme Swetchine, le 7 janvier 1856, peu de mois avant la publication du livre de l'*Ancien Régime*. Qu'on relise cette belle page, où se révèle son âme si grande, si fière et si douloureusement affectée, et l'on comprendra ce qu'il dut éprouver en composant un volume, tout entier, il est vrai, consacré à un passé déjà loin de nous, et dont il ne visait point à faire un livre de circonstance, mais dont on peut dire que pas une ligne n'a été écrite sans que l'auteur n'ait eu constamment devant les yeux l'état actuel de son pays. Assurément, comme il le dit ailleurs, son intention n'était point de rechercher ce qui restait à faire pour guérir la France, telle que l'ancien Régime, la République et l'Empire l'ont faite, « mais il ne s'ensuit nullement, ajoute-t-il, qu'il n'y ait pas à tirer un sens clair de l'étude historique que j'ai entreprise... Il serait bien singulier qu'apportant dans cette étude des goûts si décidés et si passionnés, des idées si arrêtées, un but à atteindre si visible pour moi et si fixe, je laissasse le lecteur sans impulsion quelconque, errant au hasard au milieu de mes pensées et des siennes... Si Dieu me laisse le temps et la force nécessaire pour achever mon œuvre, il ne restera de doute à personne, soyez en certain, sur le but que je me suis proposé »

Ce but était de relever les âmes abattues et de leur rendre, sinon tout d'abord l'amour, du moins le goût de la liberté régulière et de la dignité humaine, ces deux objets de la constante préoccupation, je dirai même de l'unique passion de Tocqueville. Tous ceux qui ont vécu dans les premières années du second Empire, savent combien ces nobles idées étaient devenues tout à coup étrangères ou indifférentes à la grande masse du public, même intelligent et lettré. Ce n'était pas une médiocre entreprise que d'essayer de secouer cette torpeur politique qui avait succédé aux agitations précédentes, et d'arracher au moins les classes intelligentes de la nation au culte des intérêts matériels, qui s'était emparé d'elles comme de toutes les autres. Il y avait presque témérité à le tenter à l'aide d'un livre sérieux, consacré à des matières entièrement oubliées, d'où étaient absentes les idées et les passions révolutionnaires, et qui, à côté d'un vif et profond sentiment de la liberté, faisait éclater l'amour de l'ordre, de la morale et de la religion que Tocqueville ne sépara jamais.

Ces préoccupations eurent une grande influence sur l'agencement du livre de l'*Ancien Régime*, et amenèrent l'auteur à faire disparaître le plus possible l'échafaudage d'érudition qui lui avait servi à le construire (1). De là cette habile disposition de toutes les parties de l'ouvrage, cet art de piquer et d'intéresser le lecteur, de ramener sa pensée du temps passé au temps présent, et de le conduire, sans qu'il s'en doute, à concevoir les idées qu'on veut faire pénétrer dans son esprit. De là enfin cette facture, éminemment française, qui rappelle les maîtres du dix-huitième siècle, si habiles à remuer les hommes avec des idées, et qui fait involontairement songer à Montesquieu.

On sait quel légitime succès vint couronner ses efforts; mais, au commencement de 1854, ce succès n'était rien moins que certain : il eût été alors très probablement moins grand à ce moment qu'il ne le fut à l'époque de la publication, deux années plus tard, quand le pays commença à se réveiller et à reprendre possession de lui-même. Aussi l'on comprendra mieux que je ne puis le dire, avec quel puissant intérêt j'assistais aux hésitations et aux tâtonnements de ce grand esprit, si ferme et si décidé sur le but, et cherchant à l'at-

---

(1) « Mais il fallait saisir l'attention de mon pays, chose bien difficile dans ce temps d'abattement intellectuel et moral. Pour cela il fallait être court et faire un livre qui pût être lu par tout le monde. J'ai dû dans ce but m'alléger de tout le poids des détails. » (Lettre à M. Lewis, du 13 août 1856.)

teindre avec toutes les ressources que pouvaient lui fournir sa profonde connaissance des hommes et des choses et sa grande expérience de l'art d'écrire. Il y avait là, pour un débutant dans la carrière littéraire, un spectacle des plus attachants et une leçon d'un haut enseignement.

Nos conversations n'étaient pas limitées aux matières purement rétrospectives; bien d'autres sujets y étaient abordés suivant le hasard ou le caprice du moment. La politique proprement dite, celle au jour le jour, n'y avait qu'une faible place; je savais assez combien ces questions actuelles peinaient et irritaient Tocqueville, pour éviter soigneusement d'y rappeler sa pensée. Cependant il était trop préoccupé de l'avenir de la France, il souffrait trop de la situation du pays, pour ne pas laisser échapper quelques-unes de ses impressions sur la façon dont étaient menées les affaires, et sur la fin que tout ce que nous voyions pourrait avoir un jour. Quoique profondément hostile à l'Empire et à ses agissements, Tocqueville parlait sans amertume de l'empereur, qu'il avait connu et pratiqué, pendant les cinq mois qu'il passa au ministère des affaires étrangères, membre d'un cabinet où, chaque ministre ayant sa part de responsabilité, toutes les mesures importantes étaient discutées et résolues d'accord avec le prince Président de la République. Il rendait justice à ses aimables qualités d'homme privé, qui étaient, disait il, celles d'un véritable gentleman, mais l'homme public ne lui paraissait digne d'aucune confiance; il le considérait comme un utopiste de l'espèce la plus dangereuse sur un trône. Il redoutait surtout pour la France ses idées sur la politique étrangère, au sujet de laquelle il avait eu avec lui de fréquentes et très longues discussions; le prince paraissait quelquefois céder, parce qu'il n'avait pas la parole facile, mais c'était pour revenir peu après à ses anciennes idées.

C'est, me disait Tocqueville, le seul homme intelligent que je connaisse, et il l'est beaucoup, auquel la discussion ne serve à rien et n'apporte aucun profit. Il durera plus longtemps que ne le pensent ceux qui se font de véritables illusions d'émigrés, et calculent par mois, et même par semaines, mais il ne fondera rien.

Il tombera certainement un jour, non pas sous les efforts du pays, qui en est incapable, mais sous les coups des étrangers, dont il aura aliéné les uns par sa politique tortueuse, et provoqué les autres à une guerre entreprise dans des conditions insensées.

Ce paroles véritablement prophétiques, ont été prononcées devant moi par Tocqueville, seize ans avant la catastrophe de 1870. J'en fus très frappé, car alors avait cours le fameux adage *l'Empire, c'est la paix*. Mais bientôt éclatait la guerre d'Orient, et j'eus l'occasion d'apprécier la vivacité et la profondeur du patriotisme de Tocqueville. Jamais je ne surpris chez lui une parole ni une pensée qui ne fût pour le succès de nos armes.

Selon M. de Beaumont, Napoléon III, qui avait subi la séduction de l'esprit et du caractère de Tocqueville, s'efforça, après la chute du ministère dont il faisait partie, de le retenir et de l'attacher à ses desseins. Une tentative de ce genre fut renouvelée pendant le séjour de Tocqueville en Touraine. Le portefeuille des relations extérieures lui fut offert officieusement, peut-être par l'intermédiaire de M. Vieillard, ancien précepteur de l'empereur, qui était son compatriote et avec lequel il était lié de longue date. Mais, quelque pénible que fût, pour un esprit aussi actif et aussi vigoureux, l'éloignement des affaires, il refusa de s'associer à une politique qu'il condamnait, et qui lui paraissait devoir être fatale à la France.

Ai-je besoin de dire quel intérêt avaient pour moi ces aperçus ouverts sur l'avenir du pays par un homme de cette perspicacité et de cette valeur? Parfois l'esprit ardent de Tocqueville embrassait de plus vastes horizons. Pour lui deux races étaient appelées à l'empire du monde, la race anglo-saxonne et la race slave. Il connaissait parfaitement la première, mais ne possédait sur la seconde que des notions moins exactes et moins précises, puisées principalement dans le livre de M. Haxthausen, qu'il lut à cette époque et qu'il trouvait fort ennuyeux, mais fort instructif, et jetant de grandes lumières sur les Slaves; mais ces lumières ne le satisfaisaient pas. Il était persuadé que la nature particulière de cette race, si opposée en tant de points à la race anglo-américaine, était appelée à avoir une grande influence sur le développement des sociétés futures. Il aurait vivement souhaité en pénétrer plus à fond les différents caractères, pour entrevoir ce qu'on pouvait espérer ou craindre de son influence qu'il croyait, je le répète, devoir être très considérable dans l'avenir. Il disait qu'un homme jeune et intelligent, assez courageux pour apprendre le russe et passer quelques années en Russie, trouverait là le sujet d'une très curieuse étude et d'un livre d'un haut intérêt, qui ferait pendant à son propre ouvrage sur l'Amérique. Cette idée le préoccupait beaucoup ; on sentait chez lui le regret de ne pouvoir la mettre à exécution, et je crois qu'il m'aurait volontiers poussé dans cette entreprise, si je lui avais donné de ce côté la moindre ouverture.

Quant à l'Allemagne, il en parlait souvent, et il s'était mis courageusement à en apprendre la langue, pour se préparer au voyage qu'il y fit dans la seconde moitié de l'année 1854. Mais elle l'intéressait surtout au point de vue de ses études actuelles, comme étant le pays de l'Europe où s'étaient conservées le plus tard les institutions et les idées de l'ancien régime. Il ne me parait pas avoir pressenti le rôle que joue la Prusse, dont il appréciait cependant le haut degré de culture intellectuelle, et ce m'est une raison, jointe à bien d'autres, pour croire que ce rôle, singulièrement favorisé par des circonstances accidentelles, ne sera que passager.

La pensée de Tocqueville ne se tenait pas constamment sur ces hauteurs; elle savait descendre à terre, et les conversations familières, que nous avions avant et après le travail, et dans lesquelles il se montrait si excellent, et si naturel, ne sont pas celles qui ont laissé dans mon esprit le moins précieux souvenir. Beaucoup d'appréciations des hommes et des choses, toujours fines et profondes, et souvent très piquantes, échappaient à son esprit vif et pénétrant ; je croirais être indiscret en les reproduisant ici, et d'ailleurs elles perdraient singulièrement de leur prix en passant par ma plume. Il faudrait l'avoir entendu lui-même.

Au mois d'avril 1854, Tocqueville quitta la Touraine, emportant une immense quantité de notes et son livre fort avancé. Je le vis partir avec chagrin; je savais trop que je ne ferais plus jamais une semblable rencontre.

Le désir de perfectionner son œuvre, peut-être aussi la préoccupation de saisir le moment le plus favorable à l'effet qu'il voulait produire sur ses contemporains, amenèrent Tocqueville à retarder de deux années la publication de la première partie de l'ouvrage devenu le but principal de sa vie.

Au printemps de l'année 1856, le livre de *l'Ancien Régime* faisait son apparition, on sait avec quel éclat et quel succès. Il était promptement réimprimé et traduit dans les principales langues de l'Europe, et Tocqueville eut la joie de connaître que les nobles idées de liberté régulière et de dignité humaine, auxquelles il avait consacré sa vie et ses forces, n'étaient point mortes en France. Ce succès fut comme le signal du réveil de l'esprit public dans notre pays. Tous les organes de la presse indépendante furent unanimes pour faire l'éloge du livre, et pour reconnaître que le talent de l'illustre écrivain s'était épuré et élevé dans la retraite, et qu'on trouvait dans son nouvel ouvrage, je ne sais quoi d'achevé, qui manquait à ses précédents écrits. Son style, jusque-là singulièrement ferme et ingénieux, mais un peu terne, a gagné en souplesse et en éclat; il s'anime et se rehausse de figures, et l'on peut dire que ce livre offre un modèle de l'art difficile de répandre de la lumière et de la chaleur sur des matières naturellement froides et obscures, et allie heureusement l'imagination à la profondeur (1). Je crus pouvoir joindre mon faible suffrage à ces hautes approbations, et sur ce volume que j'avais vu naître, pour ainsi dire, j'écrivis, dans la *Bibliothèque de l'École des Chartes*, un article approprié aux allures spéciales de ce recueil d'érudition. Tocqueville m'en remercia par une lettre

(1) Le sujet ébauché par Tocqueville a tenté un très habile écrivain, M. Taine, qui l'a traité avec une méthode et des couleurs différentes. Nous ne voulons point établir ici un parallèle entre deux esprits si peu semblables, d'autant moins que ces pages étaient écrites avant la publication du livre de M. Taine.

charmante, que je ne me console point d'avoir perdue, lors du déménagement de ma bibliothèque, dont je dus abandonner le local aux soldats prussiens en janvier 1871. Heureusement, une autre lettre écrite vers la même époque a été sauvée et peut servir de commentaire au souvenir si précieux pour moi, que Tocqueville a bien voulu placer dans une note de sa préface.

Mille remerciements, Monsieur, pour votre lettre; j'ai été fort touché de tout ce qu'elle contient d'amical, car moi-même je vous porte une affection très véritable. Vous me remerciez beaucoup trop du petit souvenir que je vous ai consacré. Je n'ai dit, à propos de vous, que ce que je pensais et ce que je devais. Je n'oublierai jamais l'empressement que vous avez montré, lors du séjour que j'ai fait près de vous, pour m'être utile. Sans vous et vos archives, je n'aurais pu faire le livre que je viens de publier. Tout ce que mes études antérieures m'avaient appris n'était point lié. Près de vous, j'ai trouvé l'enchaînement des règles que je cherchais. Aussi, puis-je dire avec vérité que l'ouvrage dont vous voulez bien faire un si grand éloge, a été fait dans le petit cabinet dont vous me parlez, et que c'est principalement dans nos conversations que j'ai arrêté mon esprit dans les idées qui depuis sont devenues la source de tout le reste. Il était donc tout simple que je laissasse dans le livre même une trace de ce qui m'avait tant servi à l'écrire.

J'espère, Monsieur, que nos rapports n'en resteront pas là, et que si je ne puis vous aller retrouver à Tours, vous viendrez un de ces jours me joindre à Paris. Je suis convaincu que votre capacité vous conduira tôt ou tard dans cette ville qui attire de plus en plus à elle tout ce qui a, dans les provinces, de la valeur. Quoique je me plaigne, en général, qu'il en soit ainsi, je m'en réjouirai pour ce cas particulier. Mon intention n'est pas de me fixer toute l'année dans cette grande ville, mais j'y passerai au moins chaque an quatre mois, et, pendant ce court séjour, je serai charmé de vous voir.

Le fond de ma vie demeurera toujours dans le lieu d'où je vous écris. Ce lieu est placé bien loin de tous ceux que vous fréquentez; néanmoins, si des affaires ou la curiosité vous portaient jamais dans l'extrémité de la France que nous habitons, vous nous ferez un grand plaisir de pousser jusqu'à Tocqueville, où vous serez reçu en ancien ami.

Croyez, Monsieur, à tous mes sentiments d'estime et d'affection.

A. DE TOCQUEVILLE.

Tocqueville, par Saint-Pierre-Eglise (Manche), ce 9 août 56.

Après que Tocqueville eut quitté la Touraine, je n'ai eu que trop rarement l'occasion de le rejoindre. Je le revis une fois à Tours, pendant un court séjour qu'il fit à l'*Hôtel de l'Univers*, peu de temps après le terrible passage de notre grande inondation de 1856. Il voulut visiter nos archives et ce petit cabinet où il avait tant travaillé et dont il aimait à se souvenir ; je le retrouvai deux fois à Paris, aimable et affectueux et toujours préoccupé de la suite à donner à son livre. Cette suite offrait de bien d'autres et bien plus grandes difficultés d'exécution que la première partie ; mais les ébauches que la mort lui a laissé le temps de tracer sont là pour montrer que cette portion de son ouvrage, qui en était à proprement parler le cœur, eût été au moins égale, sinon supérieure à la première. Plus il entrait dans son sujet, plus son imagination s'échauffait, et plus son talent grandissait.

Il ne s'était cependant remis au travail qu'assez lentement, ainsi que le témoigne la fin d'une lettre datée de Tocqueville le 17 octobre 1856.

Depuis que je suis ici, j'y ai vécu presque toujours dans une retraite volontaire très profonde. Que ne puis-je ajouter que ma retraite a été féconde ! Il n'en est rien. Je n'ai pu encore me remettre au travail quoique le sort de mon premier volume, déjà réimprimé et traduit, me soit un encouragement. Pour m'exciter, il me faudrait retrouver des archives aussi intéressantes que celles de Tours, et un archiviste dont la complaisance me fournît des sources d'études abondantes, et dont la conversation me donnait le goût au travail. Je manque de ces deux choses et ne sais comment y suppléer.

Je souhaitais vivement mettre à profit l'invitation contenue dans sa lettre du 9 août 1856, et renouvelée de vive voix dans chacune de nos entrevues, d'aller passer quelques jours à Tocqueville. Je me faisais une fête de jouir de plus près que je ne l'avais fait jusque-là, de cet homme vraiment supérieur, et de le voir au milieu de son cher domaine, homme de lettres le matin, propriétaire dans l'après-midi, et le soir, causeur charmant et profond. Hélas ! je m'y pris trop tard ! La mort me devança et vint le ravir, dans la force de l'âge, à ses nombreux amis et à la France, qu'il aurait encore honorée par ses travaux, et à laquelle il pourrait rendre aujourd'hui d'inestimables services. Il lui revenait, en effet, dans les conseils de la nation, et peut-être à sa tête, une place que nul des contemporains n'était mieux préparé à remplir dignement et fructueusement pour notre chère et malheureuse patrie.

La perte de Tocqueville n'a point été réparée ; et l'on peut dire, sans faire tort à personne, que parmi les hommes qui ont surgi depuis sa mort, aucun ne paraît capable autant que lui d'aider à l'organisation d'une grande société démocratique. C'est qu'il n'avait pas attendu que le vieil édifice fût complètement écroulé pour rechercher, avec toutes les lumières de son intelligence et toutes les ardeurs de son patriotisme, par quel abri on pourrait le remplacer. Dès 1835, au lendemain de la publication de la première partie de son livre sur la démocratie en Amérique, il écrivait les lignes suivantes : « J'ai prétendu leur démontrer (à ses contemporains) que la société marchait et les entraînait chaque jour avec elle vers l'égalité des conditions ; qu'il ne restait donc plus qu'à choisir entre des maux désormais inévitables ; que la question n'était point de savoir si l'on pouvait obtenir l'aristocratie ou la démocratie, mais si l'on aurait une société démocratique marchant sans poésie et sans grandeur, mais avec ordre et moralité, ou une société démocratique désordonnée et dépravée, livrée à des fureurs frénétiques, ou courbée sous un joug plus lourd que tous ceux qui ont pesé sur les hommes depuis la chute de l'Empire romain. »

Nous n'ajouterons rien à ces paroles ; elles sont plus vraies et plus à méditer aujourd'hui que jamais.

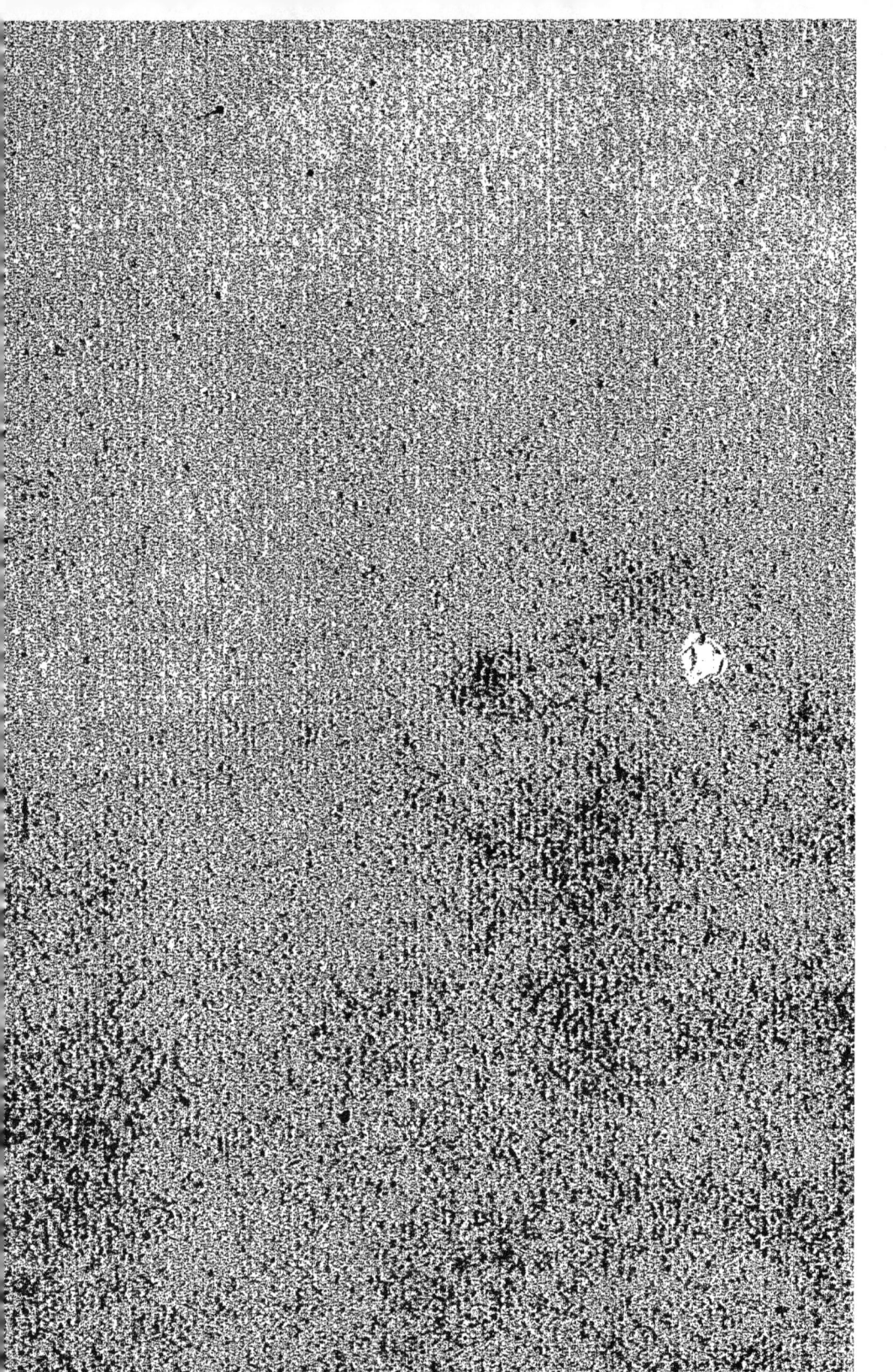

www.ingramcontent.com/pod-product-compliance
Lightning Source LLC
Chambersburg PA
CBHW060646050426
42451CB00010B/1223